¿El Cielo se equivocó?

**Alexander Medina
Barron Meza**

¿El Cielo se equivocó?

Alexander Medina
Barron Meza

Mola
PUBLISHING
INTERNACIONAL

ISBN: 978-1-63765-215-2
Número de Registro Indautor:
03-2022-031410285200-01

Hola Publishing Internacional
www.holapublishing.com

Impreso y encuadernado en los Estados Unidos de América

Dedico este libro a mis padres, con los cuales me hubiera encantado compartirlo en vida, pero sé que ellos continúan conmigo desde donde estén.

A Lety, mi pareja de vida, que sin su apoyo y amor incondicional no habría llegado hasta aquí.

A Gerardo, por las grandes enseñanzas y tenacidad en la vida, a pesar del valor de tomar la decisión (decir sí) y transformar mi vida actual, dejando atrás a la víctima para responsabilizarme del aquí y ahora.

A todas aquellas personas que me acompañaron en este camino.

A Santiago, por haberse cruzado en este camino y enseñarme la fortaleza para poder hacer lo que debí haber hecho tiempo atrás; gracias por enseñarme el valor de la valentía.

A Andrea, que sin su apoyo, soporte y acompañamiento no hubiera tenido el valor de tomar la decisión y transformar mi vida actual.

A mis compis españoles, que me enseñaron tanto.

Y, por supuesto, a la fuerza creadora, que sin ella no estaría donde estoy.

Índice

Introducción

Este libro surgió en un momento de la vida donde se toman decisiones que van a cambiar el rumbo de ella. Esta decisión de cambio me llevó a reflexionar sobre los juicios que emitimos sobre las personas sin saber qué los llevó a hacer lo que hacen o por qué viven así.

Estudiando *Un curso de Milagros* en una clase, la guía del curso nos enseñó unas cartas que le escribieron unos reos y al leerlas el impacto fue el por qué estaban en el reclusorio y el dolor que sentían por haber llegado a delinquir no una, sino muchas veces, porque, al final, Dios ya los había condenado y qué más daba.

Entre ficción y realidad, el objetivo de este libro es ver cómo no solamente delinquimos en el exterior, sino también en nuestro interior, y cómo traicionamos a nuestro ser por x o z situación.

El ser enferma cuando pierde sentido de vida y sana al recuperarlo.

Capítulo 1

¿El Cielo se Equivocó?

Estaba Dios reunido con un grupo de personas. Cada persona tenía una peculiaridad; eran atípicos.

Estaban sentados un asesino, un violador, una víctima de abuso sexual, un homosexual, un drogadicto, un transexual, un alcohólico, una prostituta y un mendigo. Claro, no podía faltar una persona que representara a los discapacitados, pues una de las personas tenía múltiples discapacidades. En esta reunión tan atípica el tema era: ¿por qué el cielo se equivocó?

Todos estaban sentados en círculo y Dios, claro, estaba alrededor de ellos. Él les dijo: "Hijos míos, estoy aquí, dispuesto a escuchar todo lo que quieran decir y expresar. Con todo mi amor los escucharé y responderé a cada una de sus preguntas y, por qué no, sus reclamos; para eso estamos aquí".

Todos se voltearon a ver con una cara de asombro. Cada uno se sentía especial, diferente; cada uno pensaba que su sufrimiento o vida era más miserable. Entre vergüenza, culpa y miedo por ser juzgados, sin atreverse a hablar, se miraron. Eran miradas de complicidad y dolor. Mientras tanto, Dios sólo observaba y con esa mirada amorosa, dulce, irradiaba un amor incondicional más allá de lo que cada uno pudiera imaginar. Y con una voz dulce, Dios les preguntó: "¿Creen que están aquí para ser condenados o juzgados?".

Las miradas llenas de culpa y vergüenza se cruzaron. Dijo Dios: "Los he reunido aquí por que ustedes son mis representantes más valientes; decidieron ir a cumplir una misión nada fácil: tocar corazones. Lo más probable es que en su dolor no creen haberlos tocado, y puede ser verdad. La humanidad cada vez está más inmersa en su propio egoísmo y no se ha dado cuenta de que el cielo no se equivocó. Al contrario, cada uno de ustedes aceptó jugar un papel nada fácil para que los demás pudieran reflexionar. Por eso los he reunido, para que cada uno comparta su experiencia".

Todos se voltearon a ver, esperando que alguien se atreviera a hablar, cuando se vio a un hombre, muy erguido y con una soberbia que lo hacía destacar por encima del grupo, alzar en brazo y pedir la palabra. Con su amor infinito, Dios lo miró y le dijo: "Adelante, hijo. Habla sin temor".

"Contaré mi historia", dijo aquel hombre y continuó. "Me llamo Juan, pero me conocen por mi apodo, que me es más familiar. Me llaman el Hitler porque dicen que me parezco a un hombre que mandó matar a muchos otros. Soy asesino. No me he detenido ante nada y por nada; he matado y dañado. Pero, ¿qué me llevó a esto? La necesidad. Nací en una familia pobre; era el más chico de seis hermanos. Con trabajo había comida. Debía alistarme al ser el más pequeño; o me alistaba o me bailaban. Iba a la escuela pública y la burla era inminente. Se podrán imaginar mi atuendo, lo usado y más usado, ya que mi ropa había pasado por cinco dueños anteriores. En la escuela sucedió algo curioso: aprendía muy rápido y me aburría con facilidad. Aprendí a defenderme y rápidamente supe que el que pega primero sale victorioso. No tardé mucho en aburrirme de la escuela, en aprender a defenderme y no dejarme de nadie. Había problemas en casa y un ambiente hostil y violento me llevaron a defender a una chica. Un día equis caminaba hacia la escuela y vi cómo golpeaban a una chica. Al entrar a defenderla, con un golpe certero derrumbé al agresor y acabó en el hospital. A mí me detuvieron por agresión y, sin defensa alguna, permanecí detenido. La chica ni siquiera abogó por mí. Detenido y dolido, juré que eso no volvería a suceder, que realmente a quien quería ayudar era a la única persona que creía en mí, mi madre. Juré hacer dinero y así fue como comencé. Una cosa llevaba a la otra. Lo difícil fue asesinar al primero, los demás, el miedo y la culpa, eran suficientes para saber que de todos modos ya me había condenado. Así me empezaron a temer. Aprendí a burlar a la autoridad, siempre hay quién se venda por unas monedas. No tardé mucho en tener un equipo dispuesto a matar, dinero y poder. Le compré una casa a mi madre. Maté a muchos. No sé cuántos crímenes acumulé. Era temido, respetado y mi ambición estaba a todo lo que da: lujos, mujeres, excesos y un gran vacío. Como en todo, un buen día fui traicionado y delatado. Acabé en el reclusorio, con una condena que ni en cinco vidas podría pagar. No fue difícil hacer de la prisión mi palacio; un poco de dinero y temor lograron hacerme el más temido en la cárcel. Ya en mi lecho de la muerte, fui apuñalado por alguien más astuto, estaba arrepentido de todo lo que hice. Esperando el purgatorio y retorcido de dolor, me pregunté: ¿por qué el cielo se equivoco? ¿De qué sirvió mi inteligencia y mi ambición si al final viví un infierno? Ahora estoy ante ti y lo que veo es un amor que antes no había sentido y me pregunto por qué.

Dios, con ese amor infinito y esa dulzura, lo miró fijamente y le contestó: "En efecto, naciste en un ambiente hostil, aprendiste a sobrevivir y fuiste dotado de una inteligencia privilegiada; la pudiste usar para lo que quisieras, pero el problema, hijo, no eras sólo tú. Es la sociedad la que juzga y señala; la educación o modelos educativos no están hechos para superdotados y la falta de atención ocasiona que se gesten asesinos en potencia. Cada injusticia combinada con traición forma a un delincuente. En efecto, el miedo te crece o te mata, y en tu caso ese miedo se volvió el arma más poderosa; entre más grande el arma, más grande el miedo. Todos llevamos un asesino adentro porque el mundo es dual, pero el aprendizaje va más allá, así como amar a Dios por encima de todas las cosas. Para mí sigues siendo impecable por ser mi creación y aceptar una misión difícil. A la sociedad se le ha olvidado guiar y amar para evitar asesinos; las sociedades promueven la violencia y la impunidad social acaba asesinando más. Así que, hijo mío, no me resta más que agradecerte por tu valor y recuerda que el cielo no se equivocó".

Aquel hombre arrogante se dobló en lágrimas y se fundió en un abrazo lleno de amor con Dios. Todos estaban atónitos ante el valor de aquel hombre y decidieron relatar su historia.

Capítulo 2

La historia de Peter

Con esa dulzura y amor, Dios vio a los demás, esperando pacientemente a que alguien más relatara su historia.

Se pudo ver a un hombre, no de mala apariencia, seductor y con una mirada peculiar, alzar la mano. Dios, en su infinito amor, dijo: "Adelante, habla".

El hombre se presentó: "Hola, me llamo Peter y me dicen Dandi. Al oír la historia de Juan no pude más que verme reflejado en ella. Y, curiosamente, aquel agresor de la chica era yo queriéndola tomar a la fuerza. En efecto, paré en el hospital. ¡Buena golpiza, Juan! Claro, esa chica no era la primera tomada a la fuerza, pero contaré mis inicios. Fui producto de una relación violenta. No conocí a mi padre y mi madre, entre amor y rechazo, me crio recodándome a cada instante el no haber sido un hijo deseado o el causante de una vida no deseada. No lo sé. Crecí con un despertar sexual muy temprano. Mi madre, por no sentirse sola o yo qué sé, me dormía en su cama y así fui deseando su cuerpo. Era tan bella, tan suave su piel… Sabía que era mi madre, pero provocaba reacciones en mí. Decidí tener relaciones sexuales. En una colonia no muy lejos de casa vivía una señora grande para mí, pero con un cierto parecido a mi madre. Pasaba todos los días por enfrente de ella pensando en qué se sentiría tocarla. Un buen día, a mis escasos 15 años, ella me invitó a pasar a su casa. Entre cariños y mimos me fue acercando a ella y llevándome a tocarla. Entre miedo, placer y curiosidad, mis manos se deslizaron por sus senos. ¡Bueno, qué sensación! Entre caricias y curiosidad, yo ya excitado y experimentando, me detuvo y de su boca sexi salieron las siguientes palabras: 'Te gusta, ¿verdad?'. Respondí sí. En esa voz seductora sus palabras siguientes fueron: 'Pues si quieres más, regresa mañana, pero a cambio quiero me des placer y no le digas nada a nadie'. Excitado, emocionado, salí corriendo. No podía dormir al imaginar el día siguiente. Por supuesto, no fui a clases; corrí a mi cita y ahí estaba ella, esperándome. Entré a su casa nuevamente y, entre mimos, caricias, besos y mis manos deslizándose por donde ella quería, experimenté mi primera relación sexual. Bueno, qué festejo, qué sensaciones. Claro, se terminaba y me iba emocionado. Y así fue un par de veces. Un bien día, de su boca salieron las palabras siguientes: '¿Te gusta?'. Y yo: '¡Sí, me encanta!'. Ella respondió: 'De ahora en adelante tienes que pagar si quieres más'. Mi reacción fue terrible. ¿De dónde sacaría dinero? Quería más y no podía pagar. Entre rabia frustración y dolor, sintiéndome más hombre que mis amigos, con el sabor del sexo a flor de piel, juré vengarme y que nadie más se me resistiría. A esa corta edad, pero hambriento de sexo, robé dinero para pagarle a esa señora. Estaba lleno de rabia porque quería que le pagara, pero tendría que hacer lo que yo quisiera. Así que la maltraté, la denigré y salí, sintiendo mi poder sexual. No tardó mucho en que aprendiera a utilizar mis encantos y los aprovechara para usar y desechar, pues nunca más pagaría por sexo. Adicto sexualmente, veía mujeres y la excitación era mayor que la razón. Tomé lo que quise, hasta que un día vi a una chamaca de falda corta, tan corta que se podía uno imaginar todo, caminando seductora, provocativa. Me le acerqué, ya enfermo, excitado y hambriento, en un coqueteo seductor. Ella me pidió que la dejara. En el forcejeo tenía que ser para mí. Dolida y denigrada por mi actuar, no me percaté de la llegada de alguien, quien, con un golpe certero, me mandó al hospital. Sólo podía recordar su cara y juré vengarme. Salí del hospital con mi experiencia seductora, pero más años encima, y perdiendo proporciones de edades. Abusé de una jovencita de no más de 15 años, sólo me faltaba tener piel fresca. Me denunciaron por abuso sexual y fui a parar a la prisión, con una condena tremenda. Llegar a la cárcel por violación es terrible. Fui violado por mis compañeros y ya entrados en gastos, ¿qué más da? Un buen día reconocí a una cara delatora, acusada de asesinatos y muy violenta. Era aquel que me había mandado al hospital. No tardó mucho en que ahora yo lo mandara al hospital. Ojo por ojo. Mis días acabaron mal, enfermo de SIDA, agonizando y revisando mi situación de vida, preguntándome: ¿el cielo se equivocó? Mientras agonizaba, veía a todas las mujeres que dañé. Retorcido del dolor y arrepentido de todo lo hecho, fallecí y aquí estoy".

Juan, con lágrimas en los ojos ante aquel relato y atónito, no pudo más que derrumbarse.

Dios, con esa voz tan amorosa, contestó: "El cielo no se equivoca. Tú decidiste ser mi representante en la Tierra para ver cómo es que condenamos ante los ojos de los demás, sin darnos cuenta de que somos los promotores de una pérdida de valores al juzgar. Tú aprendiste a tomar y los demás no hicieron nada; tenías la oportunidad de valorar a la mujer y, sin embargo, el odio y la frustración te llevaron a tomar a la fuerza. Hay una gran lección que más adelante entenderás. Por lo pronto, están entrelazadas dos vidas diferentes, pero, en este momento, con la misma emoción. Deja sentir y ve a Juan; ambos son lecciones de vida.

Juan y Peter se vieron fijamente; estaban llenos de lágrimas. Dos seres arrogantes, derrumbándose entre llanto y sentimientos confusos, se abrazaron y se pidieron perdón. Un silencio invadió la sala y el amor de Dios los envolvió.

"Mañana continuaremos con otro relato, ahora vayan a reflexionar y descansar", dijo Dios.

Capítulo 3

La historia de María

"Buenos días. Espero que hayan descansado, pues nos espera otra gran lección", Dios anunció y continuó con dulzura. "Aquí se han entrelazado dos historias curiosas, pero llenas de enseñanza, la de un asesino y la de un violador. Sin embargo, prosigamos con las historias, pues hay mucho más que aprender".

El silencio nuevamente se hizo cuando, con lágrimas, una mujer sumisa e introvertida pidió la palabra. Comenzó a narrar su historia. "Soy producto de una relación amorosa, pero curiosa. Mis padres se amaban y me concibieron. Al poco de nacer, mi padre murió y crecí con mi mamá, quien se esmeraba por darme lo mejor. Ella me amaba, cuidaba y trabajaba para darnos lo mejor. Yo era buena estudiante; estaba llena de sueños, era tímida, reservada, estudiosa y tenía pocos amigos. Llegué así a los 15 años, cuando mi madre conoció a un señor que no se veía mal, pero a mí me daba miedo. Su forma de verme y su actitud no eran de mi agrado. Mi madre no le hizo caso, ya que ella llevaba una vida dedicada a mí, pero este hombre comenzó a asediarme. Un día, a la fuerza y sin yo poder hacer nada, él abusó sexualmente de mí. De sólo recordarlo se me revuelve el estómago. Fue horrible; me sentí ultrajada y arrebatada de todo. La impotencia, el asco y el dolor fueron terribles. Llegué a casa y corrí a bañarme. Me sentía sucia, avergonzada. Cuando mi madre me vio, no pude más que decirle lo sucedido. Ella me acompañó a denunciar lo sucedido, algo por lo que no deberíamos pasar las mujeres. El interrogatorio, la ocultación y que te hostiguen con que a lo mejor tú lo provocaste, es indignante. Afortunadamente lo atraparon y fue arrestado. Como resultado de esa violación quedé embarazada. A mis 15 años tuve que decidir entre abortar o no. Con el apoyo de mi madre y ayuda de un psicólogo decidí tener a mi bebé, y no me arrepiento; nació una bella niña a la que amé profundamente, a pesar de las cir-cunstancias. ¿Cómo le explicas a tu hija que fue producto de una violación? Yo me doy cuenta tarde que sentirme víctima de la vida me hizo perder muchas oportunidades. Por muchos años me lamenté, lloré, sufrí y perdí tiempo en lamentos. De no haber sido por mi hija, estoy segura de que me hubiera sumergido en una depresión o un suicidio. Pasaron muchos años antes de que pudiera darme cuenta del daño que ocasiona ser víctima, hasta que fui diagnosticada con cáncer de matriz y, como buena víctima, perdí la batalla. En el lecho de muerte pude ver que aquella violación fue el mejor pretexto para odiar y paralizarme, en vez de retomar las riendas de mi vida. Mil veces me pregunté: ¿el cielo se equivocó? No merezco esto y me encuentro aquí sentada ante la persona que abusó sexualmente de mí".

La sala se ensombreció por un instante. Peter estaba atónito ante lo que escuchaba, pues por un lado estaba al que asesinó y por el otro, su víctima. Se oyó una voz extremadamente dulce y compasiva que restauró la sala y dijo: "Dios no se equivoca, tenemos entrelazada otra historia y tú fuiste la representante de un papel muy difícil: el abuso. Para ser víctima sólo se necesita sentirse separado del mundo. Tu decisión de tener a tu hija te hizo más víctima y la impunidad de la sociedad es la misma; la humanidad no ha aprendido la lección de ser felices y permite ser dañada por no sentirse digna. Esta historia sigue entrelazando, hay mucho por aprender y más tarde verán con más claridad. Por ahora es momento de ir a descansar".

Capítulo 4

La historia de Alexa

"Bienvenidos nuevamente. Ahora toca escuchar la siguiente historia", dijo Dios.

La sala estaba envuelta con ese amor inexplicable, con Juan atónito, Peter consternado y María aturdida.

Se vio a una muchacha guapa con facciones no muy expresivas levantar la mano y comenzar a relatar su historia: "Hola, me llamo Alexa. Tengo 30 años. Estoy atónita y consternada por oír la historia de María, mi madre, y de Peter, mi padre. Yo soy producto de esa violación; estoy ante el violador y frente a la mujer que más he amado".

Un silencio volvió a envolver la sala. Las caras de todos tenían miradas atónitas. Juan se encontraba derrumbado, Peter conmocionado y María, por estar inmersa en ella misma, no se percató de que en la sala estaba su hija.

Alexa continuó con su relato: "No hay mucho que decir, pues han escuchado la historia de mi llegada al mundo. Cuando supe que fui producto de una violación, y por la admiración que sentía por madre, juré que a ningún hombre me dañaría. Me empezaron a atraer las mujeres. A los 12 años empecé a tener parejas del mismo género. Mi madre estaba tan metida en su rollo que ni siquiera se dio cuenta de mi preferencia sexual. El exterior criticó, como siempre, juzgó y señaló, pero yo pude hacer mi vida sin ningún problema. Tuve varias parejas hasta que conocí a la que sería mi compañera. Cuando le anuncié a mi madre mi decisión de vivir con Ana, ella entró en shock, se deprimió y repitió: '¿qué hice mal?'. En fin, mi relación con Ana fue maravillosa; nos amamos y sorteamos problemas de discriminación de todo tipo. Un día, mientras caminaba a altas horas de la noche, sin saber por qué, un tipo me asesinó. Mientras moría sólo pude pensar: ¿por qué ahora que soy tan feliz? Heme aquí sentada junto a mi asesino, Juan, mi padre, un violador, y mi madre, cuya culpa y vergüenza le provocaron cáncer".

Rápidamente se oyó esa voz amorosa, pues ya en la sala el dolor era demasiado: "Como les comenté, las lecciones se entrelazan y cada uno de ustedes ha sido muy valiente al llevar su lección. Cuando la humanidad entienda que el amor es lo único que existe y que si me aman por encima de todo no debe de haber daño, las cosas cambiarán. No hay errores, hay lecciones. En este momento hay demasiada consternación, pero poco a poco verán las lecciones".

Los cuatro se miraban, llenos de lágrimas, atónitos y perplejos ante una sala que no sabía qué más esperar.

"Por hoy es suficiente información para procesar. Los espero mañana para más lecciones", anunció Dios.

Capítulo 5

La historia de Carlos

"Muy buenos días", se oyó decir a esa voz dulce y amorosa y prosiguió.

Llegó el turno de hablar de un hombre que, con lágrimas en los ojos y conmocionado por los relatos anteriores, levantó la mano y comenzó a hablar, no sin antes dirigir su mirada a Juan. "Hijo, antes que nada, te pido perdón. Soy tu padre", reveló el hombre. Juan estaba atónito, pues en su arrogancia no había reconocido a su padre y quedó petrificado.

"Me llamo, Carlos. Crecí en una familia a la que consideré como normal, con un padre alcohólico, pero

34 • *Alexander Medina Barron Meza*

muy cumplido. En casa fuimos ocho hijos y, como era antes, una familia ejemplar. Fui buen estudiante y luego conocí a quien se convertiría en mi esposa y madre de mis seis hijos. Al principio todo iba bien; no había mucho dinero, pero no faltaba nada. Cuando nació nuestra tercera hija yo tenía muchas presiones. Comencé a jugar cartas con los amigos; eso se convirtió en un vicio y una cosa lleva a la otra. ¿Cómo no iba a ser alcohólico como mi padre? No tomaba, pero el vicio del juego demanda mucho. Perdía y perdía dinero. Eso se empezó a reflejar en casa. El día en que llegó el quinto hijo, mi economía era terrible. Poco a poco fui perdiendo el respeto de la familia. Ese vicio logró que me alejara de mi mujer, a la que amaba, pero no podía darles más. Continué jugando; a veces ganaba, en otras perdía. Un buen día, Juan llegó para llevar a su madre a conocer su nueva casa: lujosa y llena de comodidades; todo lo que yo no pude darle. Así que la frustración me llevó a seguir apostando y a mi ruina. Fui el hazmerreír de todos. Mientras Juan colmaba de lujos a su madre, yo me convertí en un mueble y caí en el consumo de sustancias tóxicas, lo que ocasionó que perdiera todo. Tenía una duda muy grande, por lo que decidí quitarme la vida, pero no sin antes preguntarme: ¿por qué el cielo se equivoco?".

Juan se acercó a su padre al escuchar su relato y mutuamente se pidieron perdón.

Nuevamente la voz de Dios se escuchó: "Gracias por tu relato. Empezaré a armar este rompecabezas. Como pueden ver, todo está entrelazado. Faltan historias por contar y lecciones por aprender, pero al final todo se entenderá. Es hora de ir a reflexionar y pensar en las acciones y reacciones".

Capítulo 6

La historia de Laura

Nuevamente Dios con esa voz que le caracteriza y dulzura prosiguió: "Se han entrelazado historias. Cada uno debe de estar pensando un sinfín de cosas acerca de cómo y por que. Ya lo irán entendiendo, pero escuchemos otro relato".

Se escuchó la voz de una mujer ya mayor, sentada, coqueta y seductora: "Hola, mi nombre es Laura. Aún me cuesta entender lo que aquí sucede. Mi memoria comienza a recordar a Peter, ese chico inocente y deseoso de experiencia. ¡Oh! Dios, contaré mi historia, pero no sin antes ofrecer una disculpa a Peter. Ahora entiendo su rabia y mi responsabilidad".

Peter, conmocionado, apenas pudo reconocer a esa mujer; se podía ver en su mirada lágrimas y dolor.

Dios interrumpió para decirle a Laura: "Hija, no hay errores, hay lecciones. Y cada uno de ustedes tuvo un rol. Poco a poco lo entenderemos, pero prosigue con tu relato".

Laura comenzó a narrar su historia. "Fui adoptada por una familia, pues me dieron en adopción recién nacida. Mis padres adoptivos siempre me dijeron que había sido adoptada, que mi madre era de la servidumbre y que mi padre era mozo. Mis padres adoptivos no eran ricos, pero tampoco me faltó nada. No sé si los genes o ese sentimiento de no haber sido querida por mis padres biológicos me llevaron a buscar a temprana edad el afecto de lo chicos. Era divertido ser la atractiva y dulce del grupo para mis compañeros. Mi primera relación sexual fue a los 12 años. Me gustó. Me empecé a convertir en la popular de la escuela; como dicen por ahí: a todos me los eché al plato. Muchos fueron los intentos de esa noble pareja que me adoptó por querer sacarme adelante. Hubo psicólogos a montones. Lo cierto era que sentía placer. Me gustaba ser la popular de la escuela. Fui perdiendo amistades por que a todas les quitaba los novios; poco a poco, eso me llevó a no poder vivir sin sexo. Y pronto aprendí a cobrar por ello: alcohol, sexo, en ocasiones, mariguana. Me llevó a vivir bien, llena de lujos, hombres a montón, buena paga, sin compromiso alguno, un aborto y un hijo que regalé. No estaba dispuesta a renunciar a una vida de placeres. Fueron pasando los años y la piel no perdona. Viendo que me hacía mayor, comencé a provocar a chicos que deseaban iniciarse en la vida sexual y adquirir experiencia. Eran presa fácil, sólo había que darles probadas y después pagarían por ello. Pasó el tiempo y me fui quedando sin nada, sólo me sentaba enfrente del espejo; vieja, sola y más vacía que nunca. La belleza se acabó y la piel se marchitó. Estaba sola, señalada y denigrada. Mis últimos días los pasé en un asilo, para eso sirvió mi dinero. Sólo esperé la muerte, pensando: el cielo se equivocó. No debí vivir así y ahora estoy aquí, enfrente de uno de esos chicos. Dios mío, ¿qué hice?".

Con esa voz dulce se oyó a Dios decir: "No te juzgues. Tu papel debió ser así. El sexo es muy atractivo y muchos se denigran por él; debería ser un acto de unión donde dos seres se funden en uno solo. Lo más parecido a la unicidad se torna en placer mundano. Ahí hay una gran lección".

Laura y Juan se vieron y con una reverencia se perdonaron.

"Ahora vayan a descansar", comentó Dios.

Capítulo 7

La historia de Pedro

"Bienvenidos a una lección más", dijo Dios.

Sentado, entre felicidad y locura, se vio a un hombre alzar la mano y decir: "Los saludo a todos. No entiendo muchas cosas y hace mucho que no hablo". El hombre se quedó en silencio, con la mirada perdida y una sonrisa. "Prosigue, estás en un lugar seguro", dijo Dios.

El hombre continuó: "Hace tiempo que vago, mendigo y duermo donde sea. También como cualquier cosa, desde basura hasta manjares. Vago y camino sin rumbo; nada me ata, nada me hace falta. ¿Mis ojos qué no han visto? Violencia, robos, violaciones, prostitución, alcoholismo, drogadicción, en fin, muerte, frío y calor. Con los pies ensangrentados las calles he recorrido. Mi origen no lo recuerdo; el olvido, mi razón. Feliz soy en mi locura. Heme aquí, entre ellos que a montones vi en mi locura. Feliz he de ser. La gente me huye, pues mi olor les desagrada, mi aspecto los espanta, pero daño a nadie he de hacer. Trovador, poeta y loco he de seguir. Y aprendí que el dinero va y viene y las posesiones atan al que las tiene. De un cartón, una matrimonial hice; de una fuente, la mejor tina. Aún no sé qué hago aquí, pero de esto he de aprender".

El hombre se quedó nuevamente callado, perdido en su locura, con esa felicidad que emana de aquel que la razón perdió y el olvido enterró.

Dios, con serenidad, tomó la palabra y dijo: "Hijo mío, de locos y poetas todos tenemos un poco. En efecto, tu misión no ha sido fácil, pero demostraste que dentro de la locura hay cordura. Pudiste delinquir y no lo hiciste; tu vida estaba llena de carencia a la vista de los demás y, a diferencia de muchos con más, jamás robaste, no hurtaste ni ultrajaste a nadie. Tu aspecto no te importó y mendigando, recogiendo basura y trotando por las calles, corazones moviste. Tal vez no te diste cuenta, pero tu rectitud a más de uno les causó dudas de ellos mismos.

La pobreza no está peleada con la honestidad. Mendigar tampoco es lo ideal, pero ser feliz y recto a pesar de ello es una virtud".

En la sala se comenzaba a respirar. Por lo menos, ese individuo, que ni nombre tenía, con su poesía y versos tranquilizó a los presentes.

"Más adelante verán cómo es que todo se entrelaza, ahora es tiempo de descansar", declaró Dios.

Capítulo 8

La historia de Hugo

Dios prosiguió, recordándoles que cada uno vería la lección.

Le tocó hablar a un hombre distinguido y bien parecido: "Los saludo. Mi nombre es Hugo del Monte. Fui un empresario y político; fui producto, supongo, del amor, pues mis padres pertenecían a familias distinguidas, y fui educado en las mejores escuelas. Mi infancia estuvo llena de lujos, comodidades, choferes, sirvientas, fiestas y eventos sociales. Todo en casa era exceso. Así creía que se debía de vivir. Mi padre me educó para heredar su empresa. Al terminar mis estudios comencé a trabajar en la fábrica. No era lo que me gustaba realmente, pero era el negocio familiar. Al fallecer mi padre, no dudé en vender el negocio; era una fábrica y en ella laboraban unas 500 personas. La fabrica comenzó a decaer y los trabajadores, disgustados, se lanzaron a la huelga. Para mí fue fácil declararme en bancarrota; no me importó la gente ni su futuro. Yo tenía bastante dinero para vivir y hacer lo que me gustaba. Incursioné en la política; eso me gustaba mucho. Rápidamente fui teniendo buenos puestos, comidas y reuniones, todas acompañadas de alcohol, sobornos y corrupción. Y una cosa lleva a la otra. Tenía tres hijos y estaba casado con una mujer muy guapa; obvio no podía ser de otra manera, ya que para mi posición y puesto político era fundamental una mujer que llamara la atención. Ella estaba llena de cirugías plásticas, aumentadas y exageradas. Un día era morena y al otro, rubia; siempre pensaba en su vanidad y en hala-garme. Llegó un momento en que ya no sabía con quién estaba casado. Cada día era más evidente mi insatisfac-ción, nada era suficiente y mi mujer vivía para su belleza. Cada día era más y más alcohol, ambición y corrupción. El alcohol y una familia que me veía como banco me destruyeron, hasta que en un mal manejo de mi carrera política me llevó a acabar con ella y, por ende, con mi familia; una mujer que de mí obtenía todo no podía estar con un perdedor. Perdí el respeto de mis hijos. Llegó un momento en que ya no importaba lo que tomara y así acabé con cirrosis hepática. Ya enfermo y sin dignidad, lo único que me venía a la mente era: ¿por qué el cielo se equivocó?".

Dios, en su dulzura infinita, le dijo: "Teniéndolo todo, absolutamente todo, no tenías nada. Robaste, engañaste, abusaste del poder y, lo más terrible, tanto era tu alcoholismo que, ahogado en alcohol, tuviste relaciones con varias prostitutas; una de ellas esta aquí, Laura. Fuiste el padre del hijo que ella regaló. Ella ni siquiera se acuerda de ti y tú mucho menos. El cielo no se equivoca, y así como unos no tienen nada, otros con todo se quedan sin nada".

Las miradas de Hugo y Laura se cruzaron. No se recordaban. Estaban atónitos por lo que sucedía y el conocimiento de que habían procreado un hijo.

Dios retomó la plática con su voz suave y dulce: "Ya verán la lección más adelante. Las historias de cada uno de ustedes tienen un porqué y entenderán por qué creen que el cielo se equivocó. Es momento de ir a reflexionar, hasta pronto".

Capítulo 9

La historia de Javier

Todos en la sala estaban perplejos, pues no podían entender las historias entrelazadas y las emociones exacerbadas.

Dios se dirigió a todos y les pidió que respiraran y dejaran de pensar en ellos mismos: "Están por oír el relato de Javier, un valiente en el viaje. Escuchemos con atención".

Todos, atónitos, voltearon a ver a un hombre maduro con problemas para caminar. Apenas y podía ver, pero estaba seguro de sí mismo, a pesar de su aspecto, y comenzó a hablar: "Hola, me llamo Javier. Así como me ven, tengo 40 años. Nací con parálisis cerebral y no sé por qué le llaman así, mi cerebro está bien, pero mi problema es motriz. Tengo la cadera luxada, no veo bien y no crecí mucho. Mi madre me concibió en una apuesta y se quedó con mi padre. Luego se casaron. Ella tenía 15 años y él 18. Cuentan que era mi padre el que me cuidaba. Cuando cumplí dos años, a mi padre lo atropellaron. Falleció en ese accidente. Mi madre era una mujer que le gustaba ganarse la vida fácil. No iba a la escuela y mi abuela se hacía cargo de mí y de mis terapias. No caminaba bien, más bien me arrastraba. Un buen día, mi abuela murió y, con ello, su cuidado. No recuerdo muy bien a qué edad me operaron y empeoraron mi situación física. Rápidamente mi madre se consiguió un hombre y procrearon tres hijos más. Yo no sé cómo cuidaba de ellos, pero yo era el encargado de cuidar a mi mamá, pues le gustaba la vida alegre. Un buen día, mi mamá decidió llevarme a un internado y me abandonó. Rebelde y terco, me propuse salir adelante y recuperarme físicamente, pero no del todo, pues renunciar a ser discapacitado implica que me puedan abandonar. En el internado conocí a la que quería que fuera mi mamá adoptiva y a mi tía. Ellas me adoptaron y me sacaron adelante; no fue fácil debido a mi rebeldía y terquedad. Las quiero y les agradezco lo que han hecho por mí. Viví feliz y sin remordimientos. Todo mundo me cae bien y mis días terminaron siendo felices.

Bueno, a veces mi carácter de rebeldía y terquedad me llevaron a tener más problemas que beneficios. Mi vida no ha sido fácil; pareciera que me formé en la fila de todo mal y ahora heme aquí, preguntándome si el cielo se equivocó y puso todas las piezas mal".

Ante este relato, todos se observaron. Las miradas reflejaban sorpresa, pues ese joven con más problemas que ellos había echo más y se lamentaba menos.

Dios, suavemente, retomó la palabra: "Hijos, este chico encierra una gran lección. El cielo no se equivoca. Hay muchos ángeles en la Tierra. Los discapacitados tienen una función: tocar corazones y mover sentimientos. La gente los juzga, se voltean o los ignoran, pues ven reflejados en ellos la impotencia o la lástima. Aquí hay un gran aprendizaje que veremos más adelante. Por hoy es suficiente, nos vemos pronto con otro relato".

Capítulo 10

La historia de Mark

"¡Buenos días!", Dios dijo y prosiguió con ese mismo amor. "Toca el turno a la última persona que está en la sala, así que prosigamos con su relato".

Sentado se encontraba un ser bien parecido; muy atento en todos los relatos. Sus ojos vividos brillaban y no dejaba de pensar. Con una voz, suave, firme y dulce, dijo: "Estoy aquí sentado listo para hablar y no sé por donde empezar. Me veo con mi mirada viva: mi naturalidad espontánea, juguetón, intuitivo, curioso, travieso, introvertido y extrovertido; inmerso en un mundo que cuesta entender, siempre pensando, reflexionando. Estoy en busca de un lugar y vivo en un mundo que apenas entiendo, lleno de dudas, preguntas y un sentido de sabiduría escaso para mi edad y difícil para los adultos que me rodean; con una sensación de soledad todo el tiempo y ganas de jugar, inventar, entender y saber. Solo, sin amigos y sin hermanos. Soy producto de una aventura entre mi madre, una extraordinaria mujer, y mi padre, un hombre de origen judío que sólo me dio su apellido. Nací en un cuerpo de mujer, pero sintiéndome hombre. Recuerdo que a mis dos años estaba parado enfrente de una cuna y lloraba desconsoladamente, preguntándole a mi madre por qué no era como ese bebé: un niño. Mi infancia no fue fácil. La curiosidad insaciable, la dualidad y capacidad de jugar con muñecas… Aunque a todas les cortaba el pelo y quería cochecitos y jugaba con Pancho y Pablo; travesuras y castigos. Tenía una madre para la que traer a su hija como muñeca era su pasión, mientras que yo odiaba los vestidos y cabellos largos. A mis escasos seis años tiré por la ventana todos los vestidos y pedí que me cortaran el pelo, chiquito. Nadando sin la parte superior del traje de baño era feliz y libre, sintiéndome niño y, a la vez, soñando y fanatizando con mucho miedo; callando, baleado y maltratado por maestras y servidumbre que no entendían por qué no me salía la feminidad. Corrí a dormir en la cama de mamá, buscando refugio, jugando a que era niño; me divertía con juegos de héroes imaginarios que me salvaban de tanto maltrato lleno de miedo y con experiencias de adultos que normalmente me atemorizaban. Lloraba abrazando la bata de dormir de mi mamá; su olor me calmaba, pero su ausencia me mataba. Estaba solo, asustado, platicando con mi interior, con ese niño que me cuidaba y protegía. Tenía problemas de aprendizaje en las escuelas y todo esto hacía muy difícil el día a día. ¿Y qué decir de esas noches donde hasta el diablo se aparecía? Mi miedo era tan grande que sólo mi gran amigo imaginario e interior me cuidaba, llorando en las esquinas, escondido en ese rincón que daba mucha seguridad aparente. Me orinaba de miedo y la vergüenza y el dolor me rebasaron. Así pasó mucho tiempo. Sabía que mi yo interno era niño y cuidaba a mi niña, y así crecimos, con ese dolor, hasta que su inocencia se vio amenazada por mi padrastro, quien, en la confianza y abuso de poder, y yo con inocencia y curiosidad, comenzó a explorar mi cuerpo y llevarme a que hiciera lo mismo. Y en busca de ese amor y protección permití el abuso a mi cuerpo. Así llegó una adolescencia llena de rebeldía, dolor, frustración y una menstruación y crecimiento de senos que me recordaban que era mujer. Y yo deseando ser hombre, jugando con hombres, tomando, fumando; me daban poder a escondidas. Me disfrazaba de hombre imaginando cómo me vería y enamorándome de mis amigas. Uf, lo que imaginaba. Así llegué a la adolescencia de los 18, rebelde, buscando un lugar en la vida y teniendo que adaptarme a un mundo que no me agradaba. Aprendí a pintarme y medio arreglarme para fiestas. Mis primeros novios me daban un estatus entre mis grupos de amigos, pero no me interesaban. En el pertenecer llegué a ser mega femenina y probé vivir en ese mundo de mujeres. Resultado: fracaso total. Nunca pude tener relaciones sexuales. Esto me molestó y así decidí compartir departamento con una amiga. Nos las pasábamos muy bien y en un principio me enamoré de ella, pero la convivencia me llevó a quererla como hermana. Trabajé muchos tipos de terapias para trabajar el reconciliar la parte femenina; entre las dos nos hicimos cargo de Javier y olvidé mi ser. La frustración y dolor me llevaron a un sobrepeso, enojo y rabia con el mundo. Lo que me llevó a sobrevivir fue el amor por mi carrera y mi trabajo; sanar, mi pasión. Hasta que un día la frustración llegó a mi vida. Conocí a un ángel transexual y al escucharlo hablar me di cuenta de que eso que me pasaba era normal y tenía nombre y apellido; que lo que yo sentía desde siempre no distaba de lo que él había vivido. Reconocí que era transexual y debía enfrentarlo conmigo y la sociedad. A los 54 años decidí asumir e iniciar la transformación y ser congruente con el ser y el hacer. Así pasé de ser ella a ser quien siempre debí ser: Mark. Aprendí que uno debe asumir su vida y así fue; he vivido como Mark. Le di sentido a la vida, me casé y recobré la felicidad; me llené de éxito y heme aquí hoy, sentado junto a ustedes y preguntando por qué el cielo se equivocó y me dio un cuerpo diferente a mi imagen interior".

"Otra historia entrelazada la de Javier y Mark. Ahora vayan a descansar, respiren, mediten y nos vemos mañana", dijo Dios.

Así, en silencio, cada uno metido en sí mismo, todos fueron abandonando la sala.

Capítulo 11

Lección de vida

"Queridos hijos, sean bienvenidos nuevamente. Espero que hayan descansado y tenido tiempo para meditar y reflexionar", mencionó Dios y continuó hablando. "Estamos reunidos para ir dándole forma a todas estas historias; todas tienen algo en común: en ninguna de ellas se menciona a Dios o haberse rendido y pedir ayuda celestial. Esa es una de las primeras lecciones que aprenderemos. Hablaremos hoy sobre el regalo más importante que les he dado: el libre albedrío o libre elección. ¿Qué es esto? No es más que la posibilidad de elegir el camino. Amorosamente contemplo y estoy en todas partes, pero no me manifiesto en todo porque eso ha de ser el libre albedrío: respetar las decisiones y esperar pacientemente a que pidan ayuda y aprendan a rendirse, pidiendo señales o lo que se conoce como milagro, que no es más que la corrección de un error. La separación se da en el momento en que les otorgué el libre albedrío, porque mis hijos están hechos para gobernar universos. Todo se trata de crear, pero, ¿cómo pueden ser creadores de universos si no pueden gobernar el primer universo que les heredé, su cuerpo? Éste está lleno de células complejas y estructuras, pero dotado con sólo siete emociones a gobernar: el miedo, la ira, la alegría, la reflexión, la melancolía, la preocupación y el susto. Les di cinco órganos, riñón, hígado, corazón, bazo y pulmones, y cinco vísceras: vejiga, vesícula biliar, intestino delgado, estómago e intestino grueso. Además, les di dos asistentes, llamados Maestro de Corazón y Triple calentador. Las emociones son como la armadura de protección y cuando son utilizados adecuadamente son como una espada de doble filo. El miedo es la alerta que avisa cuándo detenerse. La ira se detona cuando se rebasa esa alerta. La alegría te recuerda que el estado del ser es la felicidad. La reflexión, divino tesoro, es el estratega para construir y crear. La melancolía es la capacidad de recordar el pasado para no cometer el mismo error en el presente y modificar el futuro. Cuando no somos capaces de ver estas alertas surge la preocupación y el susto; las dos paralizan y dejan sin acción.

Cuando dañamos la emoción, los órganos se ven afectados. El miedo daña el riñón y el riñón es la batería de vida que les di; de su cuidado depende la longevidad. El miedo paraliza o lleva a la más grande de las arrogancias y a no sentir nada. El hígado es el maestro de la ira. Esta ira, usada adecuadamente, es el impulso para hacer; pero mal aplicada puede ser explosiva o implosiva. Este órgano es el más grande y siempre quiere suplantar las funciones de los demás órganos. El corazón tiene su emoción en la alegría, que no es más que la felicidad que se siente y se vive cuando el hacer se convierte en acción, sin embargo, por la frustración y enojo se pierde fácilmente. El bazo es para pensar y crear, y junto con el estómago se encarga de alimentarte en la Tierra, que es cuando el hacer y ser cumplen la función creativa y te llevan a moverte en la vida. El ser que no puede reflexionar y moverse se estanca y enferma porque pierde la capacidad de digerir, transportar y transformar. Los pulmones, que son tu segundo estómago, te alimentan del cielo desde que naces y transporta y transforma lo celeste en ti, que es el recuerdo de lo eterno. Cuando el hacer y el ser no pueden subsistir se va al pasado, a la melancolía, al dolor y la inmovilidad. Tus dos sistemas digestivos, el terrestre y el celeste (bazo-estómago y pulmones-intestino grueso), se activan al nacer para recordarte qué necesitas del alimento celeste y del terrestre; cuando se disocian y se olvidan de vivir entre la Tierra y el cielo, siendo creativo, feliz y superando obstáculos con la capacidad enorme de elegir opciones a través de la reflexión, asumiendo con valentía y bravura el día a día, comienzan los malestares, reflejados en la parte mental, emocional física y espiritual. En pocas palabras, se pierde el sentido de vida hasta que el ser se deja morir con la sensación de fracaso. ¿Y acaso pudieron gobernar su interior? Les di dos ayudantes; el primero es el pericardio, que es el equivalente del alma, la esencia o el Espíritu Santo, el nombre es lo de menos. Esa esencia sabe de dónde vienen y quiénes son. El segundo es el Triple calentador, que sirve para mantenerlos unidos al cielo y la Tierra; es el transformador. La enfermedad no es más que el olvido de la misión celeste y cada uno de ustedes sabía cuál era su misión celeste en la Tierra. No obstante, no pudieron gobernar su propio universo, se desconectaron de la misión, enfermaron, erraron en el camino y tomaron elecciones de acuerdo con su libre albedrío. El cielo no se equivoca, las elecciones no son las adecuadas, pero la vida es evolutiva y todos podemos volver a elegir; así se van escalando peldaños hasta que estén preparados para gobernar universos. La Tierra es un planeta dual y es esa dualidad la que permite las elecciones. Quien en su andar me llama y me permite entrar le será mas fácil la corrección. El único requisito es recordar quién es su fuente y doblegar ese orgullo y arrogancia que los ha llevado a no detenerse. No hay demonios ni infiernos, tú eres el arquitecto de tu cielo y de tu infierno. Esa es la libre elección, esa es la dualidad. No hay culpa, hay consecuencia. No hay castigo, hay elección errónea. No hay infierno, hay mala decisión. El cielo es la morada y la Tierra tu escuela. Iremos entrando más y más profundo cuando veamos la lección de cada uno, por hoy es suficiente. Verán en los próximos días cómo se dan esas elecciones en cada uno de ustedes".

Capítulo 12

La historia de Juan

"Mi querido Juan", dijo Dios y prosiguió. "Tú eres el representante del miedo en la Tierra. Tuviste este papel que en el mundo de la dualidad tiene sus matices; la elección es en todo momento, pero se nos olvida reelegir y tomar la rienda de nuestra vida. En tu caso, naciste en una familia numerosa con problemas económicos, pero aun así tuviste la oportunidad de asistir a la escuela, la cual no te funcionó porque tu inteligencia sobrepasaba el estándar medio y el sistema educacional no está diseñado para ello. Es obvio que tu inteligencia sobrepasaba la de directivos y maestros, lo que te llevó a aburrirte y darte tiempo para pensar, hasta desertar de una sociedad que no te entendía y ya te señalaba como niño problema. La pregunta sería: ¿quién es el problema? La sociedad anestesiada es un juez que condena y segrega; tú, un niño sensible, inteligente e incapaz de adaptarse a esa sociedad. Fuiste creando tus defensas y el miedo te llevó a sacar esa parte de ti de que el que pega primero sale victorioso. Y así fue. Fuiste encerrado injustamente por defender lo que creías justo. La impotencia te llevó a defenderte, armar estrategias y, en efecto, el miedo que te provocó matar al primero te llevó a los demás crímenes. Una acción lleva a las demás. El miedo, al combinarse con la ira, es un arma letal. Tu objetivo de tener poder, dinero y todo lo que tú creías que te daría seguridad y amor, lo lograste; al final, eso es cumplir una meta. Sin embargo, nunca te llevó a la felicidad y sabías muy dentro de ti que no acabaría bien. Realmente hiciste muy feliz a tu mamá con su casa y su estabilidad económica, pues ella, en su ignorancia, pobreza y dolor, te amaba más a ti que a tus crímenes. La lección: con ese nivel de inteligencia pudiste optar por lo que quisieras hacer, pero tu inestabilidad emocional no te permitió encaminarla hacia otras opciones. Tenías todo para ser diferente. No hay culpa, no hay error, hay elección. Y tú decidiste. En ningún momento te arrepentiste y tampoco pediste ayuda ni recurriste a mí. Yo, paciente y amorosamente, contemplaba tus elecciones hasta que un día ya, agonizando y viendo la película de tu vida correr, dijiste: 'El cielo se equivocó. Dios mío, ¿qué he hecho de mi vida? Me arrepiento de todo daño'. Fue ahí cuando te viste envuelto en una nube tan amorosa y traído aquí para entender tu misión. Hijo mío, nunca dejé de amarte. Eres y serás parte de mi energía. Fuiste el representante del miedo y la víctima de la segregación social. Mi amor infinito te envuelve y te libera".

Juan no paraba de llorar y entre sollozos se oyó: "Siento tu amor, ese amor que me cobija y sabe que todo está bien. Gracias. Abrazo mi misión y perdono mi pasado y mi presente. Me siento listo para la siguiente misión".

La sala se envolvió con una mezcla de luces, energías y amor especial.

"Por hoy es suficiente, la enseñanza de esta historia es aprender que en el momento que el miedo se conjuga con la ira y se mezcla con la fragilidad emocional da como resultado una arrogancia grande. El miedo es del tamaño del arma. También aprendieron cómo es que una sociedad inmersa en soberbia y juicios te excluye de ella. Descansen y continuaremos mañana", concluyó Dios.

Capítulo 13

La historia de Peter

"Buenos días", se oyó decir a Dios con esa voz dulce y suave. "Espero que hayan podido reflexionar y descansar después de oír el relato del miedo. Hoy hablaremos de la historia de Peter, este hombre que de niño vivió la atracción y la confusión. En el mundo dual de bien-mal, correcto-incorrecto, ser-hacer, la confusión entra en el ser. Estos conceptos son impuestos por un mundo de creencias, un mundo de reglas exteriores. ¿Cómo se plasma esto? Al nacer se cuenta con una conciencia de a qué se viene y la lección a resolver para llegar al aprendizaje interior, pero, a la vez, se inicia una convivencia con el mundo exterior y sus creencias. Estas creencias tienen la función de confundir y hacerte perder tu misión con el objetivo de poder fortalecer tu fuerza interior. Tal vez parezca confuso, pero la relación víctima-victimario del mundo dual hace que pierdas de vista tu función de ser-hacer. Veamos a la víctima: siempre va a traer una ganancia secundaria muy grande y es el excelente justificante para no hacerse responsable del ser-hacer. El ser-hacer se relaciona con la fuerza interna. Cuando estamos conscientes de a qué venimos y no queremos distraernos de esta misión, la fuerza se hace presente. Y por más doloroso que sea, la infancia te sostiene para cumplir la misión sin perder la función de luz. Veamos esta lección con la historia de Peter, ese niño nacido con la inocencia con la que todo ser llega al mundo, con una historia parecida a la de muchos: sin un padre, producto de una relación violenta, donde a la mamá, en su amor-rechazo, le fue asignado un rol entre hijo y marido, algo muy común en la sociedad. En este mundo dual, la sexualidad juega un papel muy importante para anclar una función procreadora a la Tierra, pero también de satisfacción y escape. Especialmente en el hombre, el sexo es un punto esencial de vida; en los hombres pareciera que habitan dos seres. El cuerpo del hombre tiene la función o reto de conquista, de exploración, de sentir, de construir y crear. Los órganos sexuales masculinos tienen la esencia mas pura de vida, ya que en cada eyaculación se secretan miles de espermas, energía de vida, la energía creadora más pura. Sin embargo, el hombre la desperdicia, la desgasta. Le di la vista al hombre para ver y admirar la belleza que es sublime, excitante y lleva a conquistar, pero ha tomado todo a la fuerza y sin medir consecuencias. Ese es el caso de Peter, pues el amor, la excitación y la atracción mal encaminada que tenía hacia su madre lo llevaron a darle mucha importancia a lo sexual. La atracción que sentía por Laura, que lo seducía y lo fue invitando a explorar la sexualidad, lo llevó a agrandar su ego, a dejarse dominar por la energía sexual mal encausada y a decidir tomar a la fuerza lo que fuera, sin importar edad. Mi querido Peter, le diste tanta importancia a tus genitales que perdiste el rumbo de tu función. La lección que elegiste era la de ser un artista plástico que exaltara la belleza femenina. Eso era tu función, pero al no escuchar tu interior y dejarte llevar por la víctima-rabia decidiste apreciar la belleza femenina y enloquecer por ella, queriendo tomarla a la fuerza. Te dejaste dominar por el ego y permitiste ser dominado y controlado por los genitales; nunca pediste ayuda, no deseaste cambiar, ni te arrepentiste. Al ir creciendo y viendo cómo perdías tus encantos, perdiste la dimensión de las edades. De ahí que tomaras la fruta prohibida, lo que te llevaría a la cárcel, con una perdida de valores. Ya enfermo de SIDA y agonizando día a día, seguías sin arrepentirte de lo que habías hecho.

El enojo, la rabia y frustración te llevaron a planear la muerte de Juan, y al verlo sin vida te diste cuenta de que nada había valido la pena. En ese momento, ya debilitado, te arrodillaste y por primera vez dijiste: 'Dios, ¿qué he hecho?'. Así, llorando y enfermo, dijiste: 'Ayúdame, no puedo más'. La película de tu vida se repitió, te arrepentiste y ahora estás aquí. En este mundo de dualidades se entrelaza todo y somos actores y productores de obra. En efecto, Juan fue tu victimario y víctima y tú, a su vez, fuiste lo mismo. Sus vidas estaban destinadas a cruzarse en cualquiera que fuera su elección. La función de Juan era ser líder en potencia, con un liderazgo de promover y mover causas. Y tu función, Peter, era promover la belleza a través de la defensa de los derechos del respeto y a la mujer desde el arte plástico; sus vidas se habrían entrelazado para ser los líderes de un movimiento de defensa de derechos humanos. No hay error, hay elección. El elegir por la fuerza interna, a pesar de tomar desiciones, justificando los actos, nos lleva a elegir por miedo, justificando todo y pasando por alto a los demás".

Las miradas de Juan y Peter se cruzaron con amor infinito, con una reverencia como de maestros y de haber entendido su función.

Con esa voz dulce y amorosa se oyó decir a Dios: "Hijos míos, gracias por la elección que hicieron. Bendigo su lección y los libero de todo dolor. La vida está hecha de lecciones y ustedes eligieron. No hay error, hay elección. Los amo y bendigo. Después de aprender sobre este tema de elecciones entre víctima y fuerza interior podemos ir a descansar para continuar con las siguientes lecciones. No olviden que los amo tal como son".

Capítulo 14

La historia de María

"Buenos días", se oyó decir a Dios. "Me da gusto volver a verlos. Hoy revisaremos la historia de María, esa joven que a sus escasos 15 años estaba llena de sueños e ilusiones y tenía una madre dedicada a cuidarla y darle lo mejor que ella podía desde sus capacidades y limitaciones. Volvamos a María, a quien su intuición la llevaba a desconfiar de Peter, ese hombre que asediaba a su mamá sin imaginar que en realidad deseaba carne joven. Fue así como él abusó de ella y la consecuencia fue un embarazo. La violación es el acto más ruin y el daño más condenado. ¿Qué hay de la víctima? Para la víctima este es el mayor daño, el miedo que paraliza y termina sediento. La voluntad más la ira interna vuelven a la víctima más vulnerable; este es un tema muy difícil de tocar porque veo sus miradas de 'pobre María' y otras de 'probablemente ella lo buscó'. Esos son juicios y aquí sólo hay lecciones y elecciones. La necedad e impulsividad humana de no detenerse a tiempo los ha llevado a grandes caídas. Yo estoy siempre ahí y están rodeados de mensajeros. Dentro de ese miedo, rabia y dolor e ira, Juan defendió a María. El miedo y la vergüenza son dos paralizantes y la vergüenza siempre es por el "qué dirán", el juicio exterior. Cuando la ira interna se combina con el miedo y vergüenza se realizan actos sin medir las consecuencias. La enfermedad tan terrible llamada cáncer no es sino el resentimiento guardado y no trabajado. El ser humano enferma cuando pierde su sentido de vida, su quehacer celeste, o misión, y sana si retoma su misión. María, eres muy valiente al cambiar tu destino. Tu misión era otra: deseabas estudiar y ser médico, pero tus sueños se truncaron. Cuando tu hija creció, tuviste la oportunidad de estudiar, pero al poco tiempo el cáncer se manifestó en ti. Nunca me pediste ayuda y decías que Dios ni siquiera existía, que ante tanta maldad Él ni se aparecía. Y así es. Yo respeto el libre albedrío. Cuando te viste invadida por cáncer tu primer pensamiento fue que era castigo de Dios. Ya agonizando y en medio de dolor, sin querer partir, se oyó tu petición: 'Dios mío, ayúdame. El cielo se equivocó. No soy víctima y deseo curarme'. Ya era tarde para ello, pero sanaste sin cuerpo. Ahora estás aquí, viendo la lección. La ira interna no expresada lleva a la sumisión y ésta a perder el sentido de felicidad. Es así como del miedo se pasa al enojo y de éste a la pérdida de felicidad. Aquí es donde se instala la enfermedad y, aun así, si la persona da la pausa y reflexiona, puede sanar. No existen las casualidades, hay causalidades. Así como se cruzan las historias y se interpretan papeles, de haber asumido Juan y Peter su misión celeste, Peter hubiera sido el promotor de tus estudios porque habría sabido amar y respetar a tu madre, y a ti te hubiera dado protección y fortaleza, pero cada uno tomó caminos diferentes".

Las miradas de Juan, Peter y María se cruzaron en un acto de reverencia, arrepentimiento y claridad. Se agradecieron por las lecciones y Peter, envuelto en lágrimas, le pidió perdón a María. Ella supo perdonar y agradecer porque su hija, lo más bello que le pasó, surgió de lo peor que le ocurrió.

"Hijos míos, así es, suena duro, pero de las peores experiencias llegan las grandes lecciones. Recuerden: sólo era la conquista del interior. Con María vemos que al dejar tomar el control del interior y darle al miedo e ira al control, lo que prosigue es la autodestrucción o guerra interna. Los dejo ahora para que reflexionen. Nos vemos nuevamente mañana. Los amo y bendigo", expresó Dios.

Capítulo 15

La historia de Carlos

"Buenos días", enunció Dios. "Nuevamente nos encontramos reunidos para aprender una nueva lección. En esta lección hablaremos de cómo el cumplir los roles sociales nos lleva a no cumplir las expectativas y se busca una salida alterna antes de asumir lo que uno desea. Hoy veremos la lección de Carlos, quien, como bien relató, nació en una familia aparentemente normal de ocho hijos, como se acostumbraba. No padecieron de carencias y la familia era muy apegada a la religión y a ser un buen ejemplo social. No había lujos, pero tampoco carencias. Como buena familia tradicionalista, lo que correspondía era entregar buenos hijos a la sociedad, y casaderos. Al cumplir Carlos los 18 años, se decidió que era edad para casarse, y qué mejor que con Juana, la mamá de Juan. Ellos se conocían desde pequeños y las familias acordaron que los hijos deberían casarse, pues provenían de familias religiosas y de moral. Y así fue como, al cumplir Carlos 18 y Juana 16, los casaron. Antes de continuar con el relato les hablaré de la moral y religión. En la Tierra, que es un mundo material que debe vivirse en experiencia material, los hombres han impuesto leyes en nombre de Dios, en un principio, para poner orden y después para controlar a través del miedo. Recuerden que hablamos de las creencias y la información del exterior se graba en el cerebro, que es más grande que el cerebelo; ambos son gobernados por los riñones, que, a su vez, son la batería de vida con la que son dotados para vivir la experiencia terrestre. El cerebro es la extensión de la médula y su función depende del riñón. Les di a un mensajero, o voz interna, o conciencia, o Espíritu Santo, como le quieran llamar, para recordarles de dónde vienen esa conciencia, que depende del reino del fuego formado por el corazón y el pericardio, mal llamado así, pues habita en el cerebelo. Éste no se ha transformado y todos los animales cuentan con uno. Les di el pensamiento, que es la capacidad de discernir, almacenar, crear e inventar y está regido por el bazo, pero se aloja en el cerebro. También les di un alma traviesa llamada Hun, o ego, que habita en el hígado y es el encargado de sacarlos de balance para probar la fortaleza. Si no, ¿cómo podrían gobernar? Entonces, cuando las creencias ocupan el cerebro y éste tiene una capacidad de almacenamiento enorme, el cerebelo mantiene la conciencia intacta. Estas creencias, al hacerlas o aceptarlas como ciertas, generan neurotransmisores que se impregnan en el ADN para que parezcan ciertas. Y son fáciles de reconocer, pues son todos los "tengo que...", "debería de...", "si me pareciera a...", "debo de...", etc. Cuando los deberías se fortalecen y los patrones no se cumplen, aparece la ira; la ira sostenida que puede ser externa y te convierte en asesino, o la ira interna, que te vuelve suicida. Éstas te van aniquilando y la ira sostenida se convierte en culpa; la culpa sostenida se convierte en mentira y la mentira en engaño. Es así como nos mentimos y terminamos siendo quien no queríamos ser. Lo único que pasó es que no cumplimos las expectativas exteriores. En el caso de Carlos, él se casó porque así debía de ser, debía formar una familia ejemplar. No quería ser alcohólico, como su padre, el cual, a pesar de ello, respondió a las exigencias familiares. Entonces, con más razón, el tener hijos es fundamental para jugar el juego de la sociedad. Fue así como su función de procreador llevó a Carlos a llenarse de hijos antes de poder tener una estabilidad económica y de haberse realizado profesionalmente. Cuando hablo de profesionalismo no necesariamente me refiero a una carrera universitaria, como ustedes creen; hablo de crear, de realizarse. Un carpintero, plomero o artesano, que ama lo que hace, vive de ello y es feliz si asume su labor con amor y creatividad. Carlos tenía habilidades, pero no las podía llevar acabo con su familia numerosa y las exigencias. Así que al nacer su tercera hija, y ver que no era suficiente, comenzó a buscar satisfacción y una forma de hacer dinero. Esto lo llevó a toparse con el vicio de las cartas, ganar y perder y perder más que ganar, más culpa, más mentiras, más engaño. Cuando Juan nació, la situación era crítica y la culpa lo consumió, Carlos no se pudo reponer. Juan, al usurpar el lugar del padre y darle a la madre lo que él creía que merecía, aniquiló al papá, quien comenzó a consumir droga y cometió suicidio. Carlos, fuiste muy valiente al aceptar esta misión de ser el mensajero de la mediocridad y escasez, al querer jugar a las creencias del mundo y la exigencia exterior. Para el mundo, tú no cumpliste con el papel de proveedor protector de la familia, sino que te llevaste por el vicio del juego y la droga como escape para aniquilar la conciencia, la cual no se calla nunca. No hay culpa, no hay error, hay misión. Yo te bendigo por aceptar el papel y porque mientras tú te asesinabas a ti, el suicidio, por la culpa, tu hijo asesinaba por culpa también; Juan en arrogancia y tú por sumisión".

Las miradas de Juan y Carlos se cruzaron en ese instante. Los dos se abrazaron y Juan le dijo a Carlos: "Papá, te pido perdón porque no supe ser el hijo que tú querías. Yo sólo quería que tú me quisieras y protegieras, ahora lo sé, y te doy las gracias por ser mi padre".

Carlos, con ese amor de padre, le contestó: "Hijo mío, yo sólo quería ser tu padre y no supe cómo serlo, pero siempre te amé y te amaré. No hay error, sólo amor".

Y así, los dos se fundieron en un abrazo amoroso.

Se oyó la voz de Dios: "Hijos, recuerden: no hay error, hay lección. El amor es infinito. La lección es amar por encima de todo. Si amamos a Dios, el éxito es garantizado; si amamos al ego, el fracaso es rotundo, pero no por error, sino por la elección de no haber tomado el timón del barco y cederlo a un extraño. Los amo y espero que hayan aprendido de esta lección. Descansen, mediten y reflexionen para mañana poder aprender sobre otra lección".

Capítulo 16

La historia de Laura

"Hijos míos, nuevamente estamos reunidos aquí para ver una nueva historia. Hoy hablaremos de la lección de Laura, donde se encierran varios asuntos. La adicción al sexo es un tema muy fuerte en la Tierra, y el sexo desmedido adictivo pertenece al ego, ese Hun que les di para probar la fortaleza. El acto sexual en la Tierra es un tema muy amplio y nos lleva a los libros sagrados escritos por seres humanos pensando en Dios. No entremos en conflicto, pues Adán y Eva tomaron el fruto prohibido… y el pecado se hizo presente. No hay pecado, hay consecuencia. En efecto, el experimentar el amor que surge en dos seres que unen su cuerpo para fundirse mas allá del plano físico y compenetrarse para volverse uno solo, femenino/masculino, yin y yang, es el equivalente a la unicidad en el cielo, donde no hay él/ella, sino un ser de luz. Ahí es donde se crea y se expande la conciencia creadora, pero es un ensayo en pequeño porque ustedes fueron diseñados para creaciones más grandes. Al distorsionar el acto de unirse y fundirse en el amor más bello y profundo es cuando entra el sexo desmedido, sin objetivo, que es creer que a través de eso se obtiene cariño. El sexo dominado por placer es una adición muy difícil de superar. Ustedes fueron hechos para admirar la belleza de la creación de los cuerpos. El cuerpo es una creación, es la manifestación de proyectar un cuerpo material en todos los sentidos, una proyección y creencia, pero es efímero y el alma es eterna. Cuando la vida se centra en el sexo sin amor ni respeto, éste lleva a la culpa. Y esta es la lección: culpa es el estado de querer vivir castigado por algo que crees es malo. Ya hablamos de la creencia, así que la culpa es el látigo con el que se flagelan tanto para juzgar como para continuar en el circulo de adicción destructiva. Atrás de la culpa hay miedo y al desbordarse la emoción caemos en la culpa. Ésta lleva a la ira, la ira a la culpa y la justificación genera mayor culpa. En efecto, Laura tenía una misión muy bella y tuvo la fortuna de que una familia la adoptara, pero, a pesar del amor y ayuda que le dieron, no pudo superar su trauma de origen: el abandono. Esto se debe a que el alma, Shen, o esencia, está hecha del mismo material que el Universo y corresponde al cuerpo astral con información celestial, mientras que el cuerpo material es producto de la unión del esperma (yang) con el óvulo (yin). Esta carga celular trae información ancestral del cuerpo material, lo que conocen como genética. La misión consiste en saber que son portadores de información, pero también tienen la capacidad de modificarla. A eso le llamó romper el eslabón y trascender, a pesar de todas las creencias, ya que es lo que heredan del medio terrestre. La Tierra es una escuela donde se viene a aprender sobre el dolor (guerras, peligro, pestes, violencia climática), con el fin de aprender que, a pesar de lo terrible que parezca el exterior, si se mantienen en su interior, recordando la fuente, todo se puede superar y trascenderán la lección. Continuemos con Laura, quien prefirió mantener el dolor del abandono que la felicidad de haber sido adoptada por unos seres maravillosos. Ella probó el sexo a temprana edad, creyendo que eso le daría el cariño que ella buscaba. Lo probó, le gustó y así decidió seguir. En efecto, la popularidad la hacía sentirse bien, pero ahí empezó la culpa disfrazada de aceptación. El enojo la llevó a culpar al exterior por lo que le sucedía y fue entonces cuando decidió sacar provecho y cobrar por el sexo, lo que generó mayor culpa. Aparentemente, el dinero lava la culpa, lo cual la llevó a la soledad y al alcohol. Laura perdió el sentido de vida, repitiendo la historia, a pesar de quererse dar la oportunidad de la maternidad. Fue mayor su amor por el sexo. Pasados los años, cuando el tiempo cobró factura y el cuerpo se marchitó, la falta de sentido la llevó a seducir menores de edad para inducirlos al sexo. Esto le generó mayor culpa, hasta que esa culpa acabó con su vida y Laura terminó en soledad, justo como no quería estar. No hay error, hay elección. Laura nació de unos padres que la dieron en adopción; ellos pensaron que los padres adoptivos le podrían dar una mejor vida. Los padres que la adoptaron, al no poder tener hijos, le quisieron dar a Laura todo el amor y cuidado posible, creyendo que el amor subsanaría el dolor del abandono. Cuando Laura llegó a la Tierra, su misión era ser una promotora de los derechos de los niños, mejorando las condiciones y oportunidades de los orfanatos y promoviendo la adopción. Su libre elección la llevó a elegir otro camino. No hay error, hay elección, y el cielo no se equivocó. Estamos aquí reunidos con los resultados de las elecciones, ya que Peter fue resultado de la experimentación del sexo de Laura, un hijo abandonado. Ya veremos su historia. La culpa es el veneno del alma, pero es el reto por vencer. No hay culpa, hay consecuencia. Para resarcir la culpa es necesario ser honesto con uno mismo y detenerse a reflexionar, meditar, pedir ayuda y desear liberarse. Una vez que esto se hace, el éxito y la liberación están garantizados", declaró Dios.

Laura dirigió su mirada a Peter y, desde ese amor que se respiraba en la sala, se abrazaron, no sin antes que Laura le pidiera perdón.

"Con esta lección nos despedimos hoy", concluyó Dios.

Capítulo 17

La historia de Pedro

"Buenos días. Qué gusto me da verlos nuevamente. El día de hoy, para comprender más las lecciones, tenemos una muy interesante, la de Pedro. Comentamos anteriormente cómo es que las emociones influyen en la vida. Todas las emociones terminan por afectar al corazón, pero cundo hay un exceso de éstas, la locura aparece. Esta es una forma de desconexión, en un caso extremo, así como la depresión incontrolada es un desajuste en el corazón, perdiendo la alegría en el ser. En el caso de Pedro, tanto abandono y pérdida lo llevaron a desconectarse y meterse en su mundo. A pesar de todo lo que vivió, él conservó su pureza de alma. Pedro es aquel niño que fue abandonado por Laura al nacer; lo abandonó en la puerta de un convento, donde unas monjas lo acogieron y lo tuvieron ahí hasta que cumplió cinco años; luego lo llevaron a una casa hogar. En esta casa hogar vivió hasta los 16 años. Como en toda casa hogar, el maltrato y la falta de recursos no eran el mejor ejemplo, pero algo notable en Pedro era su capacidad de desconectarse de lo que le dolía y meterse en su mundo. El sentido de honradez que él tenía era insólito para su condición, y así se escapó y se fue a vivir a la calle. Vivir en las calles y ver tanta miseria humana lo llevaron a desconectarse cada vez más. Aislado del mundo y en su vagar y trotar, corazones tocó. Nunca robó, nunca dañó a nadie, y si encontraba algo, lo devolvía. Vio mucho dolor y traición, pero la pureza conservó. Algo diferente del resto en Pedro fue su corazón tan sensible y noble, con un sentido de honradez y honestidad, que es tan difícil de mantener en la Tierra. El planeta Tierra está diseñado para que se toquen las pasiones, que se sientan, se vean, pero que se superen. Pedro, en su andar sin rumbo, sin camino, supo mantener esos dones, a pesar de las condiciones externas. La locura fue su desconexión y en esa locura, a pesar de su aspecto, se le veía feliz. Incluso hubo personas que le regalaban comida y, alguna que otra, ropa o monedas. En su andar no le faltó nada, aparentemente él era feliz en su mundo. La lección de Pedro es saber que aquel que conserva la integridad conserva su pureza, y si no se desconecta de su fuente, toda ayuda es dada. A Pedro, en la calle nunca le faltó alimento ni dónde dormir; su elección fue vagar, pero el cielo lo protegió. El mayor don por aprender en la Tierra es mantener incorruptible lo corruptible en un mundo donde aparentemente gana la corrupción. Esta es una gran lección y Pedro la logró; la lección que él eligió es enseñar que, a pesar de las circunstancias, se puede no delinquir. De haber aceptado Pedro su función celeste en total cordura, hubiese sido un consejero motivacional, ayudando a muchos con su autoestima, enseñando que, amando sin condición, se puede vivir en total coherencia y honestidad. Sin embargo, como le he dicho, no hay error, hay elección", explicó Dios.

La mirada de Laura estaba llena de lágrimas y se posó en Pedro. Él, inmerso en su mundo, contactó con ella y le sonrió. Eso fue suficiente para que la sala se llenara de ese amor que sólo puede emerger del corazón de una madre, la cual no dudó en abrazar a su hijo y pedirle perdón.

"Con esto terminamos por hoy y mañana continuaremos con más relatos", enunció Dios.

Capítulo 18

La historia de Hugo

"Nuevamente los saludo. Estamos aquí reunidos para par ver una lección más. Hablaremos de lo que la ambición, la arrogancia y el estatus del mundo de creencias generan. Hugo es un chico al cual nada le faltó, aparentemente. El mundo ha puesto y creado títulos, y con ellos, estatus, creencias y, por ende, la prepotencia y la arrogancia. Esta última lleva a la separación, pues entre más creemos que somos, más separado se está. La arrogancia es la mayor expresión de miedo y separación por lo que se busca poder y fuerza, entre mayor es la necesidad mayor la separación y frustración. El miedo, como ya lo vimos nos lleva a la víctima. La arrogancia es la combinación de pensamientos de valía más la ira o coraje, y genera el motor de poder y posición. Así acumulamos para no perder; es así como se desgasta el hígado y el bazo pensamiento-poder irá posición. El hígado maneja la ira al desbordarla; ese motor se vuelve tan ambicioso que todo lo que se ve se desea sin medida. Y el bazo, al ser la reflexión o pensamiento, impregna la idea de que tener es ser. Para mantener esto, porque nunca va a ser suficiente, el ser humano siempre desea más; es capaz de robar, engañar, mantener estatus y vivir para el dinero y el lujo. En la Tierra, el dinero es un medio, pero el mundo es material y la Tierra es materia. Para vivir en abundancia material es necesario sentirse merecedor de ser y tener. Reflexionemos: se vive para tener dinero o se vive para generar bienestar (necesito-deseo o merezco-genero). Para vibrar con el dinero se necesita sentirse merecedor y no ver a éste como corruptible; el dinero debe moverse para que se genere y multiplique, sin embargo, al acumularse se estanca, por lo que debe ser usado. Por dinero, el ser humano ha dejado de vivir y por escasez se han hecho los conflictos. Hugo perdió el sentido de vida en el poder y para mantener el estatus incursionó en el alcohol, que daña al hígado y lo hace más iracundo. El abuso de la bebida lleva a la culpa, ésta a la mentira y mentira más culpa es igual a adición, y así sucesivamente. No paramos hasta destruir todo. El alcohol, el sexo, la culpa, el miedo y el poder llevaron a Hugo a perder todo el respeto a sí mismo y, por ende, a los demás. Él no fue consciente de sus actos y tuvo un hijo del cual ni se enteró, con alguien de quien ni se acuerda. Pagó por sexo, sexo que en muchas ocasiones no supo ni con quién fue. Una de esas relaciones pagadas fue con Laura, y de dicha relación Pedro fue el producto. Al terminar sus días, la depresión, resultado de lo anterior, aniquiló a Hugo. La misión de Hugo era ser un gran empresario generador de fuentes de empleo y, a través de esto, incursionaría en la política y promovería leyes laborales justas. Al cambiar su elección de vida, la frustración, el poder, el dinero y la ira llevaron Hugo a experimentar el mundo del alcohol y a perder todo sentido de vida", aclaró Dios.

Los tres se observaron. Pedro estaba inmerso en su mundo y por un instante cruzó la mirada con Laura y Hugo y les sonrió. Laura y Hugo no se acordaban el uno del otro, pero pudieron ver la lección.

"Es hora de ir a reflexionar sobre la arrogancia, descansen", dijo Dios.

Capítulo 19

La historia de Javier

"Buenos días. Estamos aquí reunidos para ver una historia más. Veamos las lecciones de Javier; esta es una historia muy peculiar y llena de lecciones. Javier nació de una madre de tan sólo 15 años y un padre de 18; Javier nació con hipoxia cerebral (falta de oxigenación en el cerebro) y una luxación de cadera. Al cumplir dos años, sus padres tuvieron una pelea; el papá salió corriendo de casa y fue atropellado. Murió. La madre inexperta y maleada dejó a Javier a cargo de la abuela, quien fue la encargada de cuidarlo y llevarlo a sus terapias. Ella murió cuando él tenía cinco años y su madre se hizo cargo de él. A ella le gustaba el alcohol y el sexo. Su madre se juntó con una persona con la cual procreó tres hijos más y Javier era el encargado de cuidarlos, en un ambiente de promiscuidad y pobreza. A la edad de ocho años, Javier fue adoptado por dos mujeres que, creyendo que el amor lo podía todo, decidieron darle una oportunidad de vida y cambiar su historia, sin pensar en que cada una de ellas también tenían que sanar muchas cosas. Con ellas, Javier tuvo la oportunidad de estudiar y rehabilitarse, pero su necedad y terquedad lo llevaron a hacer lo contrario. Así creció con mucho enojo, aunque una de sus misiones era mover corazones y enseñar que, a pesar de todo, se puede salir adelante. No obstante, la parte de la creencia y herencia es mayor, ya que, para el adoptado, la sensación de abandono de los padres biológicos crea una repetición de patrones ancestrales y lo refuerza en la víctima. Esto llevó a Javier a repetir el vicio de la madre: la atracción al sexo. Así fue como perdió mucho tiempo perdido en pornografía y mentiras, pues aprendió de su madre que al engañar se podía obtener. Una imaginación fantasiosa, combinada con la pornografía y el engaño, lleva a culpar al exterior para no hacerse responsable el ser de sí mismo y cambiar el rumbo de vida. Esto fue alejando a Javier del presente para quedar atrapado en el pasado. Las dos mujeres llenas de amor no pudieron darle la espalda, pues su compasión era mayor que la fuerza de dejarlo vivir sus propias experiencias. Su capacidad sanadora, que es el don con el que nació, y su capacidad para confrontar a la gente para superar sus limitaciones se vieron restringidas al no poder superar su genética y su limitación emocional, que acabó siendo mayor que la física. A pesar de eso, Javier vivió aparentemente feliz, pero su inflexibilidad nunca lo dejó ver que para cambiar la historia de vida hay que ser flexible, aprender a moverse, dejar ir lo innecesario y darle la bienvenida a lo nuevo, a las oportunidades de vida. La vida se trata de soltar, de dejar ir y romper las barreras internas. Muchas lecciones tuvo Javier con el tener y dejar ir, pues las recibió de una de estas personas que lo adoptó. Ella aprendió de él y superó sus limitaciones, pero él no pudo con la lección y aun así vivió feliz en su inflexibilidad. Este ser, cuya función era sanar, al final de sus días lo único que se le oyó decir es: 'El cielo se equivocó. No debí nacer, y menos así'. Su vida se verá entrelazada con alguien más, pero eso lo veremos en nuestra próxima historia, por hoy es todo. Es hora de descansar y prepararse para el siguiente relato", manifestó Dios.

Todos se miraban a ver, cada uno más animado y con menos cargas, pues poco a poco entendieron sus lecciones.

Capítulo 20

La historia de Mark

"Bienvenidos nuevamente. Espero que hayan descansado bastante bien y estén abiertos y receptivos para escuchar este último relato. En Mark se encierran varias lecciones y es el reflejo de cada uno de ustedes. Él, en vida, decidió trascender y aprender sobre el victimismo y el dolor en todas sus facetas para poder seguir con una misión. Analicemos cada una de las partes de Mark, con su historia y en semejanza con cada uno de ustedes. El lado asesino de Mark se vio reflejado en el momento que quiso matar a la voz interior que le decía que tenía cuerpo de mujer, pero interior de hombre. Y al no poder lidiar con esas partes, cada vez que salía su parte masculina trataba de aniquilarla inmediatamente y viceversa. ¿Recuerdas cuántas veces, en tu desesperación por no encontrar tu lugar, quisiste quitarte la vida, desaparecer, aventarte de un precipicio e incluso mutilar tus senos? Asesino no es nada más aquel que le quita la vida a otro, también es aquel que decide cometer suicidio. Esa es la forma de querer callar para siempre el interior, sobretodo cuando no es compatible con el exterior. Sin embargo, no lo lograste, a pesar de vivir en riesgo constante. ¿Sabes por qué? Porque a pesar de todo lograbas conectar un instante con tu ser superior o consciencia, que te frenaba. Eso te detuvo muchas veces. Tu último intento de suicidio fue cuando te graduaste en buceo, con 150 kilos, y no nada más te graduaste, sino que, estando en la profundidad del mar, te diste cuenta de lo pequeño y grande que eras. La ira reprimida y el dolor interno llevan a la frustración y ésta al deseo de desaparecer. Aprendiste la lección y dejaste de buscar tu muerte en el momento que aceptaste tu disforia de género. En ese momento decidiste dar muerte a una imagen sobrepuesta que sirvió como herramienta de sobrevivencia y dejaste salir a tu verdadero ser; le diste el lugar que merecía. De no haberlo hecho, el fin de tus días habría estado muy cerca. Mark y su parte violadora. Violar no sólo refiere a un aspecto sexual, sino también a infringir o desobedecer una ley, un principio, es decir, transgredir o profanar. ¿Recuerdas cuántas veces profanaste el nombre de Dios, de tu creador, o del Universo por no tener a tu padre, por sentirte diferente a los demás? Te sentías tan extraño en la vida que más de una vez violaste reglas y leyes. Te sentías tan víctima del mundo que creías que éste debía de pagarte porque te lo debía. Así incumpliste con responsabilidades de pagos y violaste acuerdos y promesas. Ya estando en el borde, como solías hacerlo, aprendiste una gran lección: que nadie tenía la obligación de darte lo que tú no te podías dar a ti mismo, en todos los sentidos. Con la arrogancia tan fuerte que tenías, pudiste ver que podías ser generador, y así, un día, asumiste la tarea de generar, te independizaste, creaste tu negocio y se abrieron muchas puertas. Y la gran lección que aprendiste fue que nadie te iba a dar lo que tú no te dieras. De no haber aprendido la lección que encierra esto, no hubieras tardado en caer preso por irresponsable y exigirle al mundo que te pagara por lo que no eras. Cualquier acto donde se tome algo a la fuerza es un acto de violación. Esto se da cuando la ira rebasa los niveles y aparece la frustración, acompañada de la envidia y un complejo de inferioridad. Mark y la víctima de abuso sexual; otra gran lección en tu vida. Tu falta de identidad sexual, con esa curiosidad tan grande que tenías, aunado a la falta de cariño que sentías y combinado con un insaciable deseo de pertenencia, te llevó a permitir muchos abusos. En tu curiosidad de ver qué tenía el otro que tú no tenías, tu vacío de cariño interno y tu victimismo fueron suficientes para que te toparas con alguien que permitiera que jugaras y curioseara. Fue así como un adulto distorsionado se aprovechó de tu carencia e inocencia. Este hecho marcó tu vida muy fuertemente, te hizo inseguro, te sentías indigno y, al mismo tiempo, querido. Aumentó tu desconfianza y esto acabó por confundirte más, pues te sentías como niño y te veías como niña, al mismo tiempo que te gustaba jugar con eso que no tenías y te asustaba hablar porque "qué tal si…", una frase muy conocida en tu vida. Y así, un día decidiste que no más; pusiste, a tus escasos 13 años, fin a una serie de abusos. Este fue tu gran secreto hasta que lo pudiste hablar muchos años después. Entre tu victimismo y tu disforia de género intentaste vivir una vida de acuerdo con el género femenino; no lo lograste, y la frustración se transformó en una falta de sentido tan grande que, al verte en una relación seria que implicaba relaciones sexuales, explotó tu interior y te refugiaste en una masa de 150 kilos para disfrazar tu feminidad. Entre menos sentido había en tu vida, más estudios tenías. Eso fue tu tabla de salvación: poder cubrir tu vacío con conocimiento. Entraste en una etapa de búsqueda espiritual y de sanación. Sabías que algo no andaba bien, pero que por alguna razón estabas viviendo esta vida, lo que te llevó a sobrevivir. La lección que aquí se encierra es cómo la suma de emociones causa una distorsión de la realidad que nos transforma en las víctimas perfectas. Mark pasaba de ser sumiso a arrogante, de víctima a victimario, pero siempre en busca de un porqué. La ira y la frustración lo llevaron a perder sentido de vida, pero no a rendirse, pues entre más insignificante se sentía, más cosas aprendía para sobresalir. De no haber aprendido la lección, su vida hubiese terminado el día que decidió someterse a una cirugía que lo pondría vulnerable, pero eso te llevó a cambiar de profesión y empezar a sanar. Fue en ese momento que inició la transformación de una nueva etapa, pues la lección aún no terminaba. Mark y la lesbiana. ¿Recuerdas cómo te llamaban la atención, desde niño, las personas que no entendías por qué vivían de manera diferente a lo que se te enseñaba en casa? ¿Cuántas veces le dijiste a tu mamá que cómo ibas a conocer la humanidad si no platicabas con personas que vivían diferente a ti? A tus escasos 10 años residían unas parejas gais en la privada donde vivías y te fascinaba saber cómo vivían. Estabas lleno de curiosidad. Después tuviste muchos encuentros muy agresivos con lesbianas y supiste que no querías vivir eso en tu vida, que sí te atraían las mujeres, pero mujeres femeninas. Siempre te viste como hombre, pero sabías que eras mujer. Soñaste con tantas mujeres, pero gracias a tu código de rectitud jamás le faltaste al respeto a ninguna mujer. Aprendiste el arte de la seducción sin transgredir; sufriste tanto en silencio, siempre pensando en no defraudar a tu mamá. Te la pasabas soñando con mujeres, inventándote amores imaginarios. Creciste y trataste de ser muy femenina, te diste la oportunidad, pero no pudiste con ello. Fue así como conociste a tu pareja actual; te enamoraste, pero sabías que ella, siendo tan mujer y heterosexual, jamás te haría caso y era mejor volverte su mejor amiga y después ser su súper hermana. ¿Cuántas veces lloraste, sufriste y te dolió verla con sus galanes? Sin embargo, siempre le diste los mejores consejos. ¿A cuántas amigas ayudaste a ser mejores? Dentro de ese dolor y frustración te fundiste en una masa amorfa para esconder tu feminidad. Tu maestra, gran sanadora, claro, y tú sufriendo, te dijo que mientras no trabajaras en tus creencias sexuales no acabarías de sanar. Tardaste años en saber a lo que se refería, pero entre más ocultabas tu feminidad, el mundo te veía y juraba que eras lesbiana junto con tu pareja. Te decían que eras el papá de Javier y enfurecías, pues te molestaban demasiado los juicios de las personas. Sabías, muy adentro, lo que te pasaba. Así callaste por años, pues te resignaste, hasta aquel día en que se apareció un ángel en tu vida y te habló de su experiencia como hombre transexual y comenzó tu reconciliación. De no haber aprendido la lección, probablemente tu vida hubiese acabado antes.

Tu frustración te causó que bajaras 75 kilos. Al ver cómo tu cuerpo se transformaba nuevamente en cuerpo de mujer, supiste en tu viaje a una isla caribeña que debías hacer algo, pues estabas rodeado de ibéricas y chicos muy galanes; sabías que no pertenecías a ninguno de los dos bandos, y fue así como tomaste la decisión que marcaría el final de tu victimismo y el principio de tu reconstrucción. No obstante, las lecciones aún no acaban. Mark y el drogadicto. ¿Recuerdas cuántas veces quisiste drogarte, pero te detuviste a tiempo? La drogadicción no sólo comprende la ingesta de sustancias alucinógenas; hay drogas más terribles que esas, como tu adicción a la soda, tu adicción a ser víctima, la adicción al sufrimiento y tu adicción a las mujeres. De haber sido varón, quién sabe cómo hubiese sido tu vida. ¿Recuerdas la primera vez que viste a una mujer y te gustó tanto que lloraste? ¿O cuando tu adicción te llevó a mentir? ¿Cuántas veces cambiaste tus juguetes por juguetes de niño? Tu adicción te llevó al filo de muchas cosas: deudas económicas, adicción a bebidas, adicción emocional. Cuando te diste cuenta de que la adicción al sufrimiento te estaba hundiendo, decidiste no continuar con terapia porque querías hacerte responsable de ti mismo. Te metiste a cada curso de superación y reconciliación de tu ser. Te perdiste en esa adicción de sanar tu interior, pero supiste salir adelante. Te enamoraste tantas veces en silencio, pero aprendiste tu

lección el día en que, en la isla caribeña, te sedujo tanto
una compañera que supiste que lesbiana no eras y que no
querías traicionarte a ti mismo. Ese día tomaste la decisión y te juraste ya no ser adicto al dolor; no deseabas
volver a sufrir por nada. Nunca lloraste tanto en tu vida.
En los meses que duró tu transición lloraste tanto por el
dolor de renunciar a la peor de tus adicciones... Fue
arrancar de tajo todo el dolor, enojo, rabia y frustración.
De no haber aprendido la lección, te hubieras hundido.
Tuviste la oportunidad de quedarte en España y borrar tu
pasado sin transición, pero se habría detenido tu evolu-
ción y te hubieras hundido en una pobreza inimaginable.
Mark y la prostituta. Mi querido Mark, vivir la experiencia de ser mujer con un interior de hombre te hizo
reflexionar mucho sobre lo que es ser mujer. Ahora, como
hombre, has aprendido a ver otro perfil de la mujer que
antes no habías visto, pero te estarás preguntando: ¿por
qué venir como mujer? Para aprender realmente lo que
es la dualidad, como mujer viviste como víctima, como
hombre eres responsable; como mujer eras puritana,
como hombre cambió tu percepción de la sexualidad;
como mujer condenabas la prostitución, como hombre
has podido ver cómo son las caras de la prostitución. Esto
no es solamente la prostitución sexual, sino la prostitución
que muchas mujeres ejercen en su vida para obtener o
ganar parejas, que no se divorcian porque prefieren la

comodidad económica de la pareja, etc. Son muchos los tipos de prostituirse y tú lo sabes. Recuerda las palabras de unos amigos cuando te comentaron que el recuerdo que tenían de ti es que siempre estabas para ellos y a todo decías que sí. Eso es prostitución. Eras capaz de estar, viajar y arriesgar por complacer a los demás; sexualmente no lo hiciste porque sabías que la penetración no era agradable. Te peleaste miles de veces contigo mismo, entre el sexo y no sexo, tus tabúes y tus deseos, y ahora, como hombre, al sexo lo has puesto en el lugar correcto. Sabes que se han alejado muchas personas de tu vida, personas por las que hubieras dado la vida; muchos te juzgaron y criticaron tu decisión de cambio, pero por primera vez en tu vida decidiste ser honesto y no prostituirte más por cariño; supiste que cambiar era poner límites y aprendiste a ser feliz. Tu masculinidad salió a flor de piel y en lugar de comportarte como bárbaro salvaje controlado por la testosterona estás aprendiendo a ver la dualidad y has hecho un gran esfuerzo por ser una mejor persona, no con el exterior, sino con tu interior. De no haber aprendido la lección, aún serías utilizado por muchas personas. Aprendiste, al fin, a poner límites y no profanar tu interior por complacer a nadie; aprendiste a respetar a tu pareja, a tratarla como una dama y controlar tu sexualidad tomándola en cuenta. Estás aprendiendo sobre la fuerza de la testosterona y lo sexual, pero has ayudado a tu pareja a ser una mejor mujer. Mark y el mendigo. Mendigar no es simplemente vagar por el mundo causando lástima y pena; mendigar también es buscar el causar lástima para que alguien más se haga cargo de ti. Cada vez que una persona con baja autoestima clama su sufrimiento, está mendigando amor, la manipulación emocional, buscando culpables, mendigando cariño y causando lástima. Tu falta de sentido de vida te llevó a buscar alguien que se hiciera cargo de ti, y eras capaz de sacrificar tu tiempo por acompañar a quien fuera, mendigando cariño, ese que no eras capaz de darte. Los cambios que experimentaste en tu transición fueron evolutivos y en crecimiento, llenos de lecciones. Ahora eres capaz de pasar horas creando y no mendigando. Cuando uno mendiga cariño es por esa falta de autoestima. Cuando decidiste tomar las riendas de tu vida te diste cuenta de esa capacidad de aceptar cualquier cosa por cariño, e incluso supiste estar con amistades por sentir que tenías gente a tu alrededor. Justo antes de tu transición te reencontraste con la mayoría de las personas de tu pasado, lo cual te llenó de júbilo; te diste cuenta de que, a pesar de la alegría por reunirte nuevamente con ellos, el cariño, o lo que pensabas que era un afecto sincero, no era firme. Con la transición supiste quién realmente estaba contigo por ti mismo, quiénes se alejaron y quiénes siguen contigo porque quieren seguir a tu lado, pero tú dejaste de mendigar atención y cariño. Mark y el alcohólico. Mi querido Mark, aprendiste a muy temprana edad a tomar bebidas alcohólicas y a fumar, eso te hacía sentir hombre, te daba estatus y poder. Eras "admirado por tu manera de beber". Lo controlabas bastante bien. El alcohol da una sensación de estatus de convivencia, lo cual atenuaba tu sentimiento de inferioridad y falta de estima; te hacía sentir poderoso y, sobre todo, hombre. Afortunadamente, un día dejaste de fumar y, por ende, de tomar. Fue tu elección. Escuchaste las señales a tiempo, ya que con el alcohol tu lado agresivo aumentaba y pudiste terminar muy mal, ya sea como el conductor de un auto o por problemas ocasionados por fumar y tomar. Te llevó mucho tiempo recuperar tu capacidad pulmonar y aparentemente no había daño. Aprendiste a vivir sin esas dos substancias, a convivir sin la necesidad de ser quien no eres y a no ingerir dichas substancias para justificar tus actos. Mark y el discapacitado. En la vida hay muchas formas de discapacidad: las visibles y las no visibles. Estas últimas son las causantes de tantos problemas de adaptación social porque las personas no quieren ver más allá de los envases. La disforia de género es no visible y tu TDA (trastorno por déficit de atención) también lo es, sin embargo, los dos se entrelazan. ¿Cómo puede un niño tener atención escolar cuando no entiende su situación y está tan inmerso en su propio dolor? Cuando decidieron tomar a Javier a su cargo, él representaba el reflejo de todas tus discapacidades, por eso trabajaste tantos años defendiendo a los niños, pero lo hacías desde tu propio dolor por tu carencia. Gracias a él, que te confrontó, es que sobreviviste, mas no sanaste tu dolor. Eso te confrontó con lo más obscuro de ti y te sacó a flote. El cariño que le tenías como sobrino era muy real, pero bastante distorsionado. Él ha sobrevivido por su terquedad. Cuando tú decidiste rehabilitarte y responsabilizarte de tu transición, creando congruencia entre el ser y el hacer, a Javier le diste sentido de vida; por un lado, estaba la imagen de hombre que necesitaba a su lado, y por otro, te encontrabas ayudando a tu pareja a ser mejor mujer y madre. Eres capaz, ahora, de ver los dos lados de la moneda y, con ello, dejaste de justificar y juzgar. De no haber asumido tu rehabilitación hace mucho, tus días habrían terminado llenos de dolor y rabia. Mark y el transexual. Todavía hay muchas lecciones, pero, ¿por qué la transexualidad? Sólo aquel capaz de ver los dos lados de la moneda puede ser un juez justo. Esa es tu función. Tú aprendiste a ver a la mujer desde la vista de una mujer y después desde la visión de un hombre. Como sanador, eso te cambió la vida. ¿Quién mejor para sanar que aquel que entiende el yin y el yang? Las lecciones son individuales, la gente vive para ellas, y difícilmente reconocerán que otro ser puede ver diferente, pero de eso se trata el crecimiento. Aquel que sabe escuchar las señales, observar la vida y aprender de los sucesos, es el que se convierte en sabio. La sabiduría se da por la capacidad de madurez, observación, aprender en el presente del pasado y modificar el futuro. El culto es aquel que acumula sucesos pasados, hechos históricos y es incapaz de aprender del presente y modificar el futuro. En tu etapa de mujer acumulaste conocimiento como poder, afortunadamente, también te atraían mucho los aspectos espirituales y esta conexión con la conciencia cósmica te sirvió para cambiar la historia y evolucionar al aceptar que todo puede cambiar, siempre y cuando estemos dispuestos a soltar el pasado. Perdonar es liberar a uno mismo. En tu faceta de hombre dejaste de escudarte en una falsa espiritualidad como refugio de tu dolor para pasar a una espiritualidad más congruente, a ser el observador, el investigador de los hechos. Eso rectificó el curso de tu vida. Así que, queridos compañeros, este viaje lo han hecho desde la valentía y vieron que no hay error, hay elecciones. Nadie tiene garantizado un crecimiento al nacer en una familia estructurada o desorganizada, sino que la elección es para la lección individual, para ustedes, seres con la capacidad de ver y vivir un mundo dual; tienen la responsabilidad de ver la dualidad en un planeta lleno de dolor y sufrimiento para ayudar a la humanidad a ser mejor, pero no con las palabras, sino con hechos. Así podrán gobernar ese interior llamado cuerpo. Habrá muchos eventos exteriores que tienen como finalidad que los seres en la Tierra reflexionen y valoren las lecciones de vida, que tiene por objetivo el hacerlos mejores seres. Los que ven las lecciones y las hacen, modifican, reflexionan, crecen y utilizan su sabiduría; los que no lo hacen, seguirán en el camino, con más tropiezos, hasta el día en que decidan rectificar y cambiar. No hay castigo, no hay infierno, no hay cielo, sólo elecciones de vida. Lo seguro es nacer y morir; la diferencia entre vivir en amor o morir en vida es cómo quieres recorrer el camino: con libertad o lleno de ataduras, tabúes y creencias", concluyó Dios.

Las historias aquí contadas son pequeños relatos que espero les sirvan como ejemplo de lecciones y elecciones. Aprende a ser libre; libérate de creencias limitantes y expande tu mente más allá de la barrera física. Hasta aquí las lecciones de *¿El Cielo Se Equivocó?* Les deseo el mejor de los viajes, el que llamamos vida.

FIN